EDICT DV ROY PORTANT SVPPRESSION DES SERGENTS DES TAILLES:

& en leur lieu creatiõ en tiltre d'office hereditaire d'vn ſecond Commiſſaire à faire les roolles des tailles & autres deniers, tant ordinaires qu'extraordinaires, auec attribution de douze deniers pour liure.

Verifié en la Chambre des Comptes, & Cour des Aydes à Paris.

A PARIS.

M. DC. XXV.

LOVYS PAR LA GRACE DE DIEV, ROY DE FRANCE ET DE NAVARRE. A tous presens, & aduenir, salut. Les grandes & sexcessiue despenses, que nous auons esté contraincts faire és annees dernieres, pour maintenir nostre authorité, & appaiser les diuers mouuemens qui ont eu cours en ce Royaume, ayans non seulemten espuisé le reuenu ordinaire de nos finances, mais aussi de beaucoup anticipé celuy des annees suiuantes. Il est euident que si nous n'y eussions suppleé par moyens extraordinaires, nous eussions esté contraints d'augmenter la leuee de nos Tailles, ou rechercher d'autres voyes beaucoup plus rigoureuses & preiudiciables à nostre peuple, que celles dont nous auons vsé iusques à present: En quoy nous pouuons dire que nous n'auons pas seulement regardé celles qui pouuoient le moins apporter de foule & d'incommodité à nos subjets, mais aussi soigneusement examiné la forme & maniere en laquelle elles leur pouuoient estre plus faciles à supporter. Et pour cest effect nous estant fait representer l'Edict par nous fait au mois de Iuin dernier, pour la creation d'vn Commissaire Collecteur de nos Tailles en chacune parroisse, aux droicts y attribuez, & aux fonctions de Commissaire, Collecteur Asseeur & Sergẽt des Tailles, auec exẽptiõ de dix liures de la grande Taille, & des autres à l'equipolent, Nous aurions recogneu que lesdites fonctions ainsi conioinctes, apporteroiẽt du desordre à la leuee de nosdites tailles, de l'oppression à nos subjets, & qui plus est, que lesdites exemptions reuenans à plus de deux cens cinquante mil liures; ce seroit d'autãt surcharger les plus pauures, qui n'õt pas moyẽ d'acquerir lesdites charges: Au lieu desquelles nous ayant esté proposé de créer vn secõd Commissaire des Tailles, aux mesmes droicts & fonctions que celuy qui est à present estably par toutes les parroisses subjectes à nosdites Tailles, nous aurions iugé le pouuoir d'autant plus iustement faire, que ladite creatiõ est beaucoup moins preiudiciable à nostre peuple, que celle desdits Cõmissaires Collecteurs, & que les douze deniers pour liures sur toutes nos tailles, que nous entendons attribuer ausdits secõds Commissaires n'apporterõt aucune nouuelle charge à nos finances, ains se prendront, sçauoir six deniers restant aux Collecteurs des tailles des douze, qu'ils prenoiẽt sur la taille pour leurs salaires & vacations, sans aucune attribution ny finance payee à ceste occasion: & pour raison dequoy les premiers six deniers leur auroiēt esté retranchez, & attribuez à d'autres offices, de la vente & alienation desquels nous auons receu de notables secours en la necessité de nos affaires, ainsi que nous esperons de ceste-cy, qui non seulement n'oste rien ausdicts Collecteurs, puis qu'ils n'ont aucun tiltre de ceste iouyssance, mais leur apportera plus de soulagement qu'ils ne reçoiuent d'vtilité desdits six deniers, lesquels és parroisses mediocres ne reuiennent qu'à trois ou quatre liures, distribuees à six ou à quatre Collecteurs, lequel profit est encores beaucoup moindre és petites parroisses, dont le nōbre est le plus grand, esquelles il n'arriue d'estre Collecteur à son tour, qu'apres douze ou quinze ans, au lieu dequoy nous les deschargeons d'aduācer les deniers des opposans, aux roolles des tailles & des salaires & taxations des Sergens, & de plusieurs autres frais & incommoditez qu'ils reçoiuent à la recolte de nosdits deniers, & qui plus est, leur attribuons la faculté de faire eux-mesmes, ou faire faire par telles personnes que bon leur emblera, encores qu'ils ne soient Huissiers ou Sergens, les exploicts, commandemens & executions necessaires pour le payemẽt de nos tailles, auec les esmolumens qui en pourroient prouenir au lieu des Sergens & Collecteurs desdites tailles, que nous entendõs aussi supprimer par le present Edict, moyennant leur remboursemẽt, attribuer les six deniers qui leur estoient attribuez ausdits seconds Commissaires, pour faire les douze deniers dont nous entendons qu'ils iouyssent, ainsi que les anciẽs. De sorte que par ce moyen nous pourrons sans aucune foule de nostre peuple ny de nos finances, retirer vn notable secours en la necessité de nos affaires, qui nous oblige à pouruoir, non seulement à ce qui est au dedans, mais aussi du dehors, pour empeſcher & preuenir les diuers accidens qui pourroient troubler la paix & le repos dont nos ſubjets iouyſſent, & que nous deſirons affermir par tous moyens poſſibles, c'eſt pourquoy ayant mis ceſte affaire en deliberation en noſtre Conſeil, où eſtoiet la Royne noſtre tres-honoree Dame & Mere, aucuns Princes de noſtre ſang, & autres Princes & Officiers de noſtre Conſeil, de leur aduis, & de noſtre certaine ſcience, pleine puiſſance & authorité Royale, Auons par ceſtuy noſtre preſẽt Edict reuoqué & reuoquõs le ſuſdit Edict par nous faict au mois de Iuin dernier, portant la creation des Commiſſaires Collecteurs de nos tailles. Enſemble celuy du mois de portant creatiõ des Offices de Sergens, & Collecteurs deſdites tailles, que nous auons eſteints & ſupprimez, eſteignons & ſupprimons: & par le meſme preſent Edict perpetuel & irreuocable, creé & erigé

erigé, creons & erigeons en chef & tiltre d'office formé vn second Commissaire de nos tailles en toutes les parroisses des generalitez de nostre Royaume où il y en a d'establis, pour en iouyr hereditairement par ceux qui en seront pourueus ou acquereurs, leurs hoirs successeurs & ayans cause, aux mesmes hõneurs, priuileges, exemptiõs pouuoirs & fonctions attribuez ausdits anciens Commissaires, en vertu de leurs Edicts de creation & de reuente, & autres cy apres specifiez, & appareils & semblables droicts de douze deniers pour liure, qui leur seront annuellemẽt payez par les Collecteurs de nos tailles, qui seront tenus de les porter és villes où sont les Bureaux de nos Eslections, és mains des adiudicataires desdits offices, ou de leur Commis, si mieux ils n'ayment les receuoir par les mains desdits Collecteurs és parroisses où ils seront establis à leur chois & option, & à ce faire seront lesdits Collecteurs contrains comme pour nos propres deniers & affaires; derogeant pour ce regard à tous reglemens que pourrions auoir cy deuant faits à ce contraires. Et se prendront iceux douze deniers, à sçauoir six deniers, dont iouyssent encores à present lesdits Collecteurs des tailles, à commẽcer du premier iour de Iuillet prochain, apres lequel nous n'entendõs plus qu'ils reçoiuent aucune chose pour la leuée de nosdites tailles, mais qu'ils la facent gratuitement, ainsi que celles d'Escheuins, Marguilliers, & autres charges publiques, selon que les habitans en general cognoistrõt que chacun le pourra mieux & plus commodement faire. A quoy nous leur enioignons tres-expressément d'auoir d'oresnauant esgard sur les peines portées par nos Ordonnances, que nous voulons estre exactement obseruées pour ce regard, & pour soulager d'autãt plus lesdits Collecteurs nous leur auons permis & permettons de nommer l'vn d'entr'eux qui ſçaura eſcrire, auquel nous auons donné & donnons pouuoir de faire tous exploits & contraintes requiſes & neceſſaires pour la leuee & perception de noſdites tailles, ſans toutesfois qu'ils puiſſent rien prendre pour le premier commandement, mais ſeulement pour le ſecond deux ſols, pour execution ſans deplacer quatre ſols: pour chacune vẽte de biens huict ſols, & lors qu'ils ſeront tranſportez hors la parroiſſe vingt ſols, outre les frais du tranſport. Leſquels eſmolumens ſe partageront entre leſdits Collecteurs égallement, reſerué que celuy qui eſcrira les exploicts aura le double des autres, & au cas qu'il ne s'en trouuaſt aucun d'entr'eux qui ſceuſt eſcrire, ou qu'ils le trouuaſſent plus à propos pour leur cõmodité, pourront prendre tel que bon leur ſemblera pour faire ladite fonctiõ, encores qu'il ne ſoit Huiſſier ou Sergent, & le contenter de son salaire ainsi qu'ils verront bon estre, pour partager également le surplus entr'eux : Et pour les autres six deniers, faisant les douze deniers attribuez ausdits seconds Commissaires. Nous voulons & entendons qu'ils leurs soient payez au lieu de ceux dont jouyssent lesdicts Sergens des tailles, apres toutesfois qu'ils auront esté remboursez actuellement, & à vn seul payement de la finance par eux payee en nos coffres, ensemble de leurs frais & loyaux cousts, selon la liquidation qui en sera faicte par les Commissaires qui à ce faire seront par nous deputez, ou leurs subdeleguez, suiuant la commission que nous en expedierõs ausdits Commissaires. Moyennant quoy, lesdits Commissaires ioüiront desdits douze deniers tournois pour liure, ainsi que lesdits autres Commissaires en joüissent suiuant la vente & reuente qui leur en a esté faite sur toutes nos tailles, taillon creuës de garniſons, & autres creuës & leuees ordinaires & extraordinaires qui ſe feront par aſſiette & roolles particuliers en quelque ſorte & maniere que ce ſoit, meſmes ſur les droicts de ſignatures de roolles, & autres attribuez aux Eſleus & autres officiers de nos Eſlections, frais d'aſſiette : & generalement ſur tout ce qui ſera compris aux roolles des parroiſſes, conformement à noſtre Edict du mois de Ianuier mil ſix cens vingt-vn, & Arreſts interuenus en conſequence d'iceluy, ſans que cy-apres il y puiſſe eſtre faict aucun retranchement. Et afin de donner plus d'occaſion à nos ſujets de ſe rendre adiudicataires deſdits nouueaux offices de Commiſſaires des tailles créez par le preſent Edict, Nous auons permis & permettons aux acquereurs d'iceux de rembourſer ſi bon leur ſemble, les proprietaires deſdits anciens Commiſſaires de la finance par eux payee en nos coffres, frais &

loyaux cousts, suiuant la liquidation qui en sera comme dit est faite: moyennant quoy ils joüiront du total desdits deux sols pour liure, attribuez ausdicts deux offices; Et pour faciliter aussi l'exercice desdictes charges, & soulager tant lesdicts Asseeurs & Collecteurs de la peine qu'ils auoient de faire plusieurs roolles, & de la reduction au sol la liure, de diuerses taxes des particuliers en chacun des roolles qui se souloient faire. Nous voulons qu'à l'aduenir il ne soit faict qu'vn seul & mesme roolle pour toutes les natures de nos deniers, dont les commissions seront enuoyees par les Esleus au commẽcement de l'annee, sur lequel roolle chaque particulier sera cottisé par vne seule taxe pour toutes les natures contenuës en nosdites commissions, esquelles chaque nature de deniers sera exprimees cõme cy-deuant, & à la fin du roolle sera fait mention és mains de quels de nos Rece-

-ieurs chasque nature des dix deniers cõ-
-tenuës esdites commissions doiuẽt estre
-portées,& toutes les commissions pour
-leuee de deniers suruenans au courant
de l'annee, seront assises au sol la liure
sur le pied dudit roolle. Et neantmoins
n'entendons faire aucun preiudice à
tous les droicts de verificatiõs & signa-
tures de roolles attribuez aux esleus,
lesquels ils receuront suiuant les Edicts
par lesquels ils leur sont attribuez.
Comme aussi afin de rendre lesdites
Charges de Collecteurs moins onereu-
ses, lesquels cy-deuãt estoient contrains
d'aduancer les deniers de plusieurs cot-
tisez, opposans aux roolles des tailles,
qui obtenoient des surseances des Iuges,
Nous voulons que lesdits roolles soient
executez par prouision contre toute
sorte de personnes comprises en iceux,
nonobstant oppositions ou appellatiõs
quelconques. Et defenses à tous nos Iu-
ges inferieurs & Cour des Aydes d'en

donner aucune surseance, estant beaucoup plus raisonnable que les cottisez aduancent leurs taxes, que les Collecteurs pour eux. Et d'autant qu'aucuns officiers de nos Eslections se font aduãcer par nosdits Collecteurs leurs droicts de verifications & signature de roolles, & autres droicts à eux attribuez pour toute l'annee dés le commencement, encores qui ne soient deubs que par quartiers, comme nos deniers, Nous defendons tres-expressemẽt à nos Esleus de les contraindre d'aduancer lesdits deniers, à peine de concussion, ains entendons qu'ils les reçoiuent d'iceux seulement par quartier, comme ils leur appartiennent. Et seront les Asseeurs des tailles de chacune parroisse tenus incõtinent apres nos commissions à eux enuoyees par nos Esleuz, s'assembler en la maison du Commissaire en chacune parroisse, son fermier ou commis ou en celle qui sera par luy choisie pour cest

effect,

effect, lequel Commissaire sera seulement tenu d'escrire ou faire escrire les roolles sous les Asseeurs, sans qu'il puisse estre tenu d'aucune autre maluersation, que de celle qu'il pourroit commettre en son escriture, attendu qu'il n'a aucune voix deliberatiue en ladite assiette. Et pour empescher la confusion qui se rencontroit par la diuersité des personnes qui s'entremettoient dans les Parroisses à receuoir les nominations des Asseeurs Collecteurs, deliberations des communautez pour ce qui regarde nos aydes, tailles & leuees de deniers, affirmations des particuliers touchant les aydes. Nous voulons que lesdits Commissaires au ressort de leur establissemẽt reçoiuent tous sermens de nomination d'Asseeurs collecteurs, deliberations des communautez pour ce qui concerne le faict desdites aydes, tailles & autres leuees de deniers, & les affirmations des hosteliers, tauerniers, cabaretiers, &

autres vendans vin, au lieu des Curez, Vicaires ou Notaires : de tous lesquels actes, iceux deliurant, ils prendront le salaire accoustumé. Et afin de faciliter la vente desdits offices de Commissaires des tailles, & en augmenter le prix pour subuenir à la necessité de nos affaires. Comme aussi pour leur donner sujet de vacquer plus diligemment à l'exercice de leurs charges, Nous les auons exemptez & exemptons, ensemble les commis ou Procureurs qu'ils pourroient mettre en leur lieu, de toutes charges personnelles, tant ordinaires qu'extraordinaires, soit de tutelles & curatelles, depositaires & gardes de biens de Iustice, establissement de Commissaire au regime, garde & administration de fruicts & reuenus quelcõques, collecte de nos tailles, ensemble du logement de gens de guerre, coruees & fournitures de cheuaux de harnois pour tirer l'artillerie, munitions de guerre, & generale-

ment de toutes autres charges, fourni-
tures & cõtributions quelconques, ſoit
de fourages ou autrement, en quelque
ſorte & maniere que ce ſoit, defendant
tres-expreſſément à ceux des habitans
qui ſeront pris pour donner aduis ſur
les departemens des logis deſdits gens
de guerre, fournitures & contributions
d'y comprendre leſdits Commiſſaires
des tailles, leurs commis ou Procureurs,
à peine de reſpõdre en leurs propres &
priuez noms des dommages qu'ils en
pourroient receuoir, & à tous Capitai-
nes, Conducteurs deſdits gens de guer-
re & ſoldats d'y loger ſur les meſmes
peines, & autres portees par nos ordon-
nances, & pour deſcharger auſſi leſdits
acquereurs des frais que l'on a cy deuãt
fait payer à ceux qui ont acquis ſem-
blables offices qui retombent apres ſur
nous, lors que nous auons voulu faire le
rembourſement deſdits acquereurs qui
les employent en frais & loyaux couſts,

Nous voulons que nos Esleus seuls reçoiuent le serment desdits Commissaires, s'ils veulent exercer lesdites charges en personne, ou de leurs fermiers ou commis seulement, s'ils y veulent commettre ou affermer, & que les contracts d'acquisition, commission, ou bail à ferme soient seulement enregistrez au Greffe desdites Eslections pour raison de laquelle reception & enregistrement nos officiers ne pourront prendre que la somme de soixante sols, qui sera partagee entr'eux, comme il a esté faict pour les anciēs commissaires, sans qu'ils puissent prendre dauantage, à peine de concussion. Et ne pourront lesdits commissaires, fermiers ou commis estre cōtraints de faire enregistrer au Greffe des Thresoriers de France leursdits contracts, n'estant raisonnable que pour si petits offices ils soient abstraincts de les faire enregistrer ailleurs qu'au Greffe de nosdites Eslections, comme aussi nous diſpenſons les acquereurs deſdits offices de payer aucun droict de marc d'or, d'obtenir aucunes lettres de prouiſion ny ratification, nonobſtant toutes Lettres & Arreſts à ce contraires, & autres qui pourroient eſtre donnez, & ſeront les acquereurs deſdits offices inſtallez en la iouyſſance d'iceux, en vertu des quittances de finance & cõtracts d'adiudication qui leur en ſeront expediez par noſdits Commiſſaires, leſquels contracts nous auons dés à preſent validez & approuuez, validõs & approuuons comme s'ils auoient eſté faicts par nous en noſtre Conſeil, ſans que les acquereurs deſdits nouueaux offices en puiſſent eſtre depoſſedez à l'aduenir, pour quelque cauſe & occaſion que ce ſoit, ſinon en les rembourſant à vn ſeul & actuel payement, tant de la finance par eux payee, frais & loyaux couſts, que de celle qu'ils auroient rembourſee auſdits Sergens & anciens Commiſſaires. SI DONNONS EN MANDEMENT à nos amez & feaux Conſeillers les gens de nos Comptes & Cour de nos Aydes à Paris, Preſidents & Threſoriers generaux de France, des generalitez de ce Royaume, que le preſent Edict ils facent chacun endroit ſoy, & comme à eux appartiendra, lire, publier & regiſtrer, & du contenu en iceluy iouyr & vſer pleinement & paiſibles ment les pourueus deſdits offices, ſan- permettre qu'il leur ſoit faict ny d onné aucun trouble ou empeſchement, nonobſtant oppoſitions ou appellations quelconques, & tous Edicts & autres lettres à ce contraires, auſquelles & à la derogatoire des derogatoires y contenuës, Nous auons derogé & derogeons par ceſdites preſe ntes. Et pource que d'icelles l'ō pourra auoir affaire en pluſieurs & diuers lieux. Nous voulons que ſur les copies deuëment collationnees par l'vn de nos am ez & feaux Conseillers & Secretaires, ou faictes soubs seel Royal, foy soit adioustee comme au present original, auquel afin que ce soit chose ferme & stable à tousiours, Nous auons faict mettre nostre seel à cesdites presentes, sauf en autres choses nostre droict, & l'autruy en toutes.

DONNE' à Compiegne au mois de May, l'an de grace 1624. & de nostre regne le 15.

Signé, LOVYS.

Et plus bas, Par le Roy.

DE LOMENIE.

Et à costé visa.

Et seellees du grand seau de cire verte, en lacs de soye rouge & verte.

Registré en la Cour des Aydes, oüy le Procureur general du Roy, pour estre executé selon leur forme & teneur, suyuant l'Arrest du iourd'huy. A Paris, le 8. iour de Iuillet, l'an 1624.

Signé, DV PVY.

Leu publié & registré en la Chambre des Comptes, du tres-expres commandement du Roy par plusieurs fois reïteré, tant à bouche que par escrit, ce requerant le Procureur general du Roy, & oüy les creances des Conseillers, Presidents & Maistres, pour estre executé selon sa forme & teneur, suiuant l'Arrest de ce faict les deux bureaux assemblez, le premier iour d'Octobre 1624.

Signé, GOBELIN.

EXTRAICT DES REGISTRES DE LA CHAMBRE des Comptes.

VEV par la Chambre les Lettrs patentes du Roy en forme d'Edict, donnees à Compiegne au mois de May dernier., signees LOVYS, & plus bas, Par le Roy, de Lomenie, par lesquelles & pour les causes y contenuës, sa sa Majesté ayant par ledit Edict reuoqué celuy par elle faict au mois de Iuin 1623. d'vn Commissaire Collecteur des tailles en chacune parroisse, aux droits, functions & exemptions y attribuées, ensemble celuy du mois de portãt creation des Offices de Sergens & Collecteurs desdites Tailles, a creé & erigé en chef & tiltre d'Office vn second Commissaire desdites Tailles en toutes les parroisses des generalitez de ce Royaume où il y en a d'establis, pour en iouyr hereditairement par ceux qui en seront pourueus, ou acquereurs, leurs hoirs & ayant cause, aux mesmes honneurs & priuileges attribuez aux anciens par les Edicts de creation & de reuente, & pareils droicts de douze deniers pour liure, qui leur seront annuellemẽt payez par les Collecteurs, sçauoir six deniers dont iouyssent à present lesdits Collecteurs des Tailles, à commencer du premier Iuillet dernier,

& pour les autres six deniers, faisant les douze, au lieu de ceux dont ioüissent lesdits Sergens des tailles, apres qu'il auront esté remboursez actuellement, ainsi que plus au long le contiennent lesdites Lettres. Veu aussi l'Arrest de ladite Chambre du neufiesme Septembre dernier, par lequel elle auroit declaré ne pouuoir entrer en la verification. Autres Lettres patentes donnees à S. Germain en Laye, le treiziesme dudit mois, signees comme les precedentes, contenant iussion & mandement tres-expres à ladite Chambre, que sans autre plus exprés commandement qu'elle sçauroit attendre ou requerir pour ce regard, & tous affaires cessans & postposez, elle ait à proceder à l'enregistrement & publicatiõ dudit Edict selon sa forme & teneur, sans plus vser d'aucun refus ny difficulté, nonobstant ledit Arrest qu'elle ne veut auoir lieu; & à son Procureur general de poursuiure instamment & diligemment ledit enregistrement & publication. Autre Arrest de ladite Chambre, du vingt-troisiesme dudit mois de Septembre, par lequel elle auroit ordonné que ledit Arrest du neufiesme d'iceluy mois tiendroit. Autres Lettres patentes du Roy, donnees audit sainct Germain en Laye, le vingt-septiesme iour dudit mois de Septembre dernier, contenant autre iussion & mandement tres-exprés à icelle Chambre, que sans attendre plus expres commandement de sadite Majesté pour ce regard, elle ait tous affaires cessans & postposez à proceder à l'enregistrement & publication dudit Edict, pour auoir lieu & estre executé selon sa forme & teneur, & à sondit Procureur general de poursuiure & requerir diligemment l'enregistrement d'iceluy. Conclusions dudit Procureur general, & tout consideré, la Chambre du tres-expres commandement du Roy par plusieurs fois reïteré, tant à bouche que par escrit, & ouy les creances d'aucuns des Conseillers, Presidens & Maistres pour ce mandez, A ordonné & ordonne que sur ledit Edict sera mis, Leu, publié & registré, ouy & ce requerant le Procureur general du Roy, pour estre executé selon sa forme & teneur. Faict les deux bureaux assemblez, le premier iour d'Octobre 1624. Collationné,

Et plus bas signé, GOBELIN.

EXTRAICT DES REgistres de la Cour des Aydes.

VEV par la Cour les Chambres assemblees, les Lettres patentes du Roy en forme d'Edict, donnees à Compiegne au mois de May 1624. signees LOVIS: & plus bas, Par le Roy. De Lomenie: & seellees du grand seel de cire verte, sur double lacs de soye rouge & verte. Par les-

quelles, & pour les causes y contenuës, sa Maiesté a reuoqué l'Edict du mois de Iuin mil six cens vingt trois, portant creation d'vn Commissaire Collecteur des tailles, ensemble celuy du mois de
portant creation des offices des Sergens & Collecteurs desdictes tailles, & creé & erigé en chef & tiltre d'office formé, vn second Commissaire des tailles en toutes les Parroisses des Generalitez de ce Royaume, où il y en a d'establis, pour en iouyr hereditairement par ceux qui en seront pourueus ou acquereurs, leurs hoirs & ayans cause aux mesmes honneurs, priuileges, exemptions, pouuoirs & functions attribuez ausdits anciens Commissaires, ainsi que plus au long le contiennent lesdites lettres, Conclusions du Procureur general du Roy: Et tout consideré; LA COVR a ordonné & ordonne que lesdites lettres en forme d'Edict, seront registrees au Greffe d'icelle, pour estre executees selon leur forme & teneur. Faict à Paris, en la Cour des Aydes,

le 8. iour de Iuillet, l'an 1624.

Signé, DV PVY.

Par ordonnance de la Cour.

Collationné aux originaux par moy Conseiller & Secretaire du Roy.

www.ingramcontent.com/pod-product-compliance
Ingram Content Group UK Ltd.
Pitfield, Milton Keynes, MK11 3LW, UK
UKHW032027260826
14628UKWH00006B/2781

9 782329 347110